LA CROIX LUMINEUSE

ET

LE SACRÉ-CŒUR

DANS

LE DIOCÈSE D'AUTUN

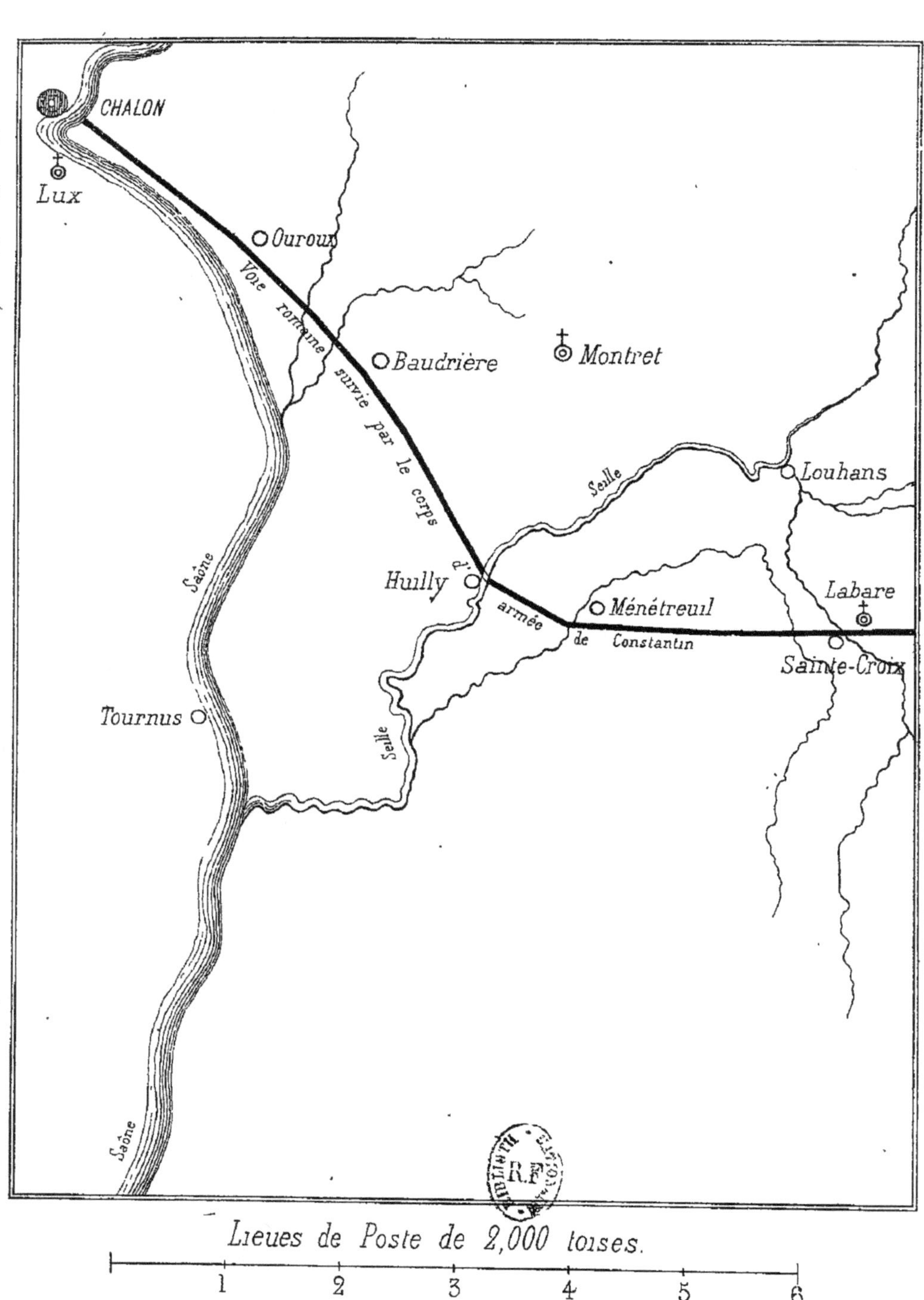

CHALON
Lux
Ouroux
Baudrière
Montret
Voie romaine suivie par le corps
Saône
Seille
Louhans
Huilly
d'
armée
Labare
Ménétreuil
de Constantin
Sainte-Croix
Seille
Tournus
Saône
Lieues de Poste de 2,000 toises.
1   2   3   4   5   6

DEVOIRS

DE LA FRANCE

POUR LES MANIFESTATIONS DU SAUVEUR DANS
LE DIOCÈSE D'AUTUN

AU IVe ET AU XVIIe SIÈCLES

PAR L'ABBÉ L. ROBIN

CORRESPONDANT DU MINISTÈRE DE L'INSTRUCTION PUBLIQUE
POUR LES TRAVAUX HISTORIQUES.

Le Seigneur apparut à Abram et il lui dit :
Je donnerai ce pays à ta postérité. Abram
dressa en ce lieu-là un autel au Seigneur qui
lui était apparu. — GENÈSE, XII, 7.

Les eaux du Jourdain se sont séchées devant
l'Arche d'alliance du Seigneur, lorsqu'elle pas-
sait au travers de ce fleuve ; c'est pourquoi ces
pierres ont été mises en ce lieu pour servir aux
enfants d'Israël d'un monument éternel. —
JOSUÉ IV, 7.

LONS-LE-SAUNIER

IMPRIMERIE ET LITHOGRAPHIE JULES LANÇON

rue Saint-Désiré, 20

1874.

AVANT-PROPOS

Un des faits les plus mémorables qui se sont produits dans le monde, c'est assurément l'apparition d'une croix miraculeuse au-dessus du soleil, qui a instantanément déterminé la conversion de Constantin et de son armée : et, comme suite, tranformé la juxtaposition, que la force brutale maintenait entre les hommes, en une admirable union fraternelle, par les liens de la charité, sous le gouvernement des lois divines.

En réfléchissant sur ce fait prodigieux et sur les immenses résultats qu'il a eus et qu'il a encore sur les constitutions des peuples, on se surprend être singulièrement étonné que les hommes aient tellement peu gardé le souvenir de l'*endroit précis*, théâtre de la manifestation divine, que la Bourgogne a de la peine à se faire accepter comme en ayant été favorisée, et encore que plusieurs localités de cette province en revendiquent exclusivement la possession·

Nous n'avons trouvé d'explication satisfaisante de

cette déperdition dans la mémoire des hommes, qu'en l'attribuant à une intervention de la divine Providence qui a entendu, dans un avenir et à une heure par Elle décrétés, que le lieu, témoin de ce grand événement, fût mis en éclatante lumière, *pour relier* le miracle de l'apparition de la croix lumineuse au ciel, à un, et peut être même à deux autres miracles, afin de nous montrer que la France est toujours la fille aînée de l'Eglise.

Le premier de ces miracles de miséricorde serait que, dant cette même province de Bourgogne où Jésus-Christ a révélé avec éclat, au IVe siècle, sa royauté par la croix (*regnavit a ligno*) à la grandeur humaine dans toute sa splendeur apparente, au XVIIe siècle, le même Jésus-Christ a manifesté tous les trésors de son cœur, fournaise d'amour, à la profonde humilité d'une de ses servantes. dans l'obscure solitude du cloître d'une communauté de l'ordre de la Visitation de Sainte Marie.

Le second de ces miracles serait la résurrection de la foi surnaturelle et un triomphe éclatant de l'Eglise, par le Sacré-Cœur de Jésus, en France et dans les autres contrées. Mais comme un moyen de supplication évidemment excellent pour obtenir du ciel cette résurrection et ce triomphe, serait de connaître authentiquement le lieu de l'apparition de la croix lumineuse à Constantin et à son armée, pour ériger d'abord en cet endroit, puis ensuite à Paray, des monuments dignes d'une nation dont, entre toutes, le fond de caractère est noblesse et générosité : voilà depuis quelque temps l'objet d'humbles prières et de recherches persévérantes dont cet opuscule est le résultat.

MANIFESTATIONS DU SAUVEUR

AU IVe SIÈCLE

Les premiers et les plus graves témoignages à
consulter sont 1° Eusèbe de Césarée qui a écrit la
manifestation d'après le récit fait à lui-même par
Constantin ; 2° Lactance précepteur du César Cris-
pus, fils aîné de cet empereur. Nous donnons textuel-
lement leurs paroles, d'après la traduction du savant
abbé Darras.

RÉCIT D'EUSÈBE.

« Après avoir pacifié la Grande-Bretagne et la
« Gaule, le héros jeta un regard sur l'empire ro-
« main, cette vaste agglomération de peuples divers
« rangés sous un même sceptre, comme un corps
« immense régi par une seule âme. La capitale du
« monde lui parut dans l'oppression, où elle gé-
« missait, pareille à une captive éplorée, qui l'in-
« vitait à venir briser ses fers. Cependant il ne
« voulut point prendre l'initiative de sa délivrance.
« Il laissait ce rôle glorieux à ses collègues impé-

« riaux, plus anciens que lui et plus accrédités par
« leur influence et leur pouvoir (Licinius et Maximin
« Daia). Mais nul d'entre eux n'était en mesure de
« tenter une entreprise qui venait d'échouer naguère
« à la honte de Galérius. Constantin résolut donc de
« sacrifier sa vie pour le bonheur du peuple romain.
« Réduit à ses propres forces, il jura de mourir
« plutôt que de laisser Rome aux mains d'un tyran
« abhorré. Maxence, de son côté, n'épargnait rien
« pour se défendre. A ses crimes anciens il en ajouta
« de nouveaux : les forfaits qu'il commit alors dépas-
« sèrent tout ce qu'on avait jamais vu. Sous pré-
« texte d'opérations magiques, il faisait éventrer des
« femmes enceintes, ou égorger des enfants nou-
« veaux-nés, afin de chercher des oracles plus sûrs
« dans leurs entrailles palpitantes. Tantôt il dépeçait
« des lions ; tantôt il faisait évoquer les démons
« dans des mystères horribles, afin d'apprendre la
« vérité de leur bouche et de conjurer les malheurs
« qui le menaçaient. Il se flattait d'enchaîner ainsi
« la victoire à ses drapeaux. Chaque jour des cruau-
« tés nouvelles épouvantaient les Romains. Je re-
« nonce à les décrire parce qu'elles passent toute
« croyance. Qu'il me suffise de noter l'horrible fa-
« mine qui sévit bientôt dans la capitale du monde.
« Le tyran se réjouissait à la vue des milliers de vic-
« times emportées par le fléau. Il croyait que tant
« de morts désarmeraient la colère des dieux.

« Constantin sentait la nécessité d'un secours plus
« efficace que celui de ses soldats pour combattre
« les prestiges et les ressources de l'art magique
« dont le tyran s'environnait. Il voulait s'appuyer
« sur une force plus grande encore que celle de son
« armée ; il comprenait que Dieu seul donne la vic-
« toire. Mais quel Dieu invoquerait-il? Ses prédé-
« cesseurs avaient placé toute leur confiance dans le
« culte des idoles : ils avaient chargé de victimes et
« d'offrandes les autels du polythéisme. On les avait
« vus, après des oracles qui leur promettaient le
« succès et la gloire, n'aboutir qu'à l'infortune, aux
« désastres et à la mort. Ces pensées agitaient l'âme
« du héros. Il se rappelait que son père, seul entre
« tous les césars, avait abjuré les traditions idolâtri-
« ques pour adorer le Dieu unique et suprême. Cette
« conduite avait été récompensée par une prospérité
« sans nuage, tandis que les autres empereurs, livrés
« à toutes les passions, avaient fini déplorablement
« leur vie, sans laisser à leurs descendants une seule
« des couronnes qu'ils avaient portées. Il se rappe-
« lait les expéditions de Galérius et de Sévère contre
« Maxence. Entreprises toutes deux sous les auspices
« de l'idolâtrie, la première avait échoué honteuse-
« ment ; la seconde avait entraîné la mort de son
« chef. A mesure qu'il déroulait ces souvenirs dans
« sa pensée, il arrivait à se convaincre que les dieux
« de l'empire étaient de vains fantômes et leur culte

« une folle superstition. Le Dieu de son père lui
« semblait le seul véritable.

« Il commença dès lors à l'invoquer, le suppliant
« de se manifester à lui et de lui tendre une main
« protectrice au milieu de tant de périls et d'angois-
« ses. Telles étaient les préoccupations et les prières
« de l'empereur, quand *un prodige surnaturel* vint
« frapper ses regards. Si le récit que je vais faire
« m'eût été transmis par une autre bouche, il pour-
« rait trouver des auditeurs incrédules. Mais je le
« tiens de l'auguste et victorieux prince lui-même.
« Bien des années après, quand j'eus l'honneur d'être
« admis dans son intimité, il me raconta le fait et
« m'en attesta plusieurs fois par serment l'authenti-
« cité. C'est sa narration que je vais reproduire, et
« bien téméraire serait celui qüi oserait s'inscrire en
« faux contre un pareil témoin, au sujet d'un pro-
« dige que les événements survenus depuis ont d'ail-
« leurs suffisamment confirmé.

« Constantin m'affirma donc qu'*un après-midi*,
« quand le soleil s'inclinait déjà sur l'horizon, il
« aperçut dans les airs, au-dessus de l'astre rayon-
« nant, une croix lumineuse. *Je l'ai vue de mes pro-*
« *pres yeux*, disait-il, et je l'atteste. Une inscription
« se lisait distinctement sur la croix et portait ces
« mots : sois vainqueur par ce signe : εν τουτω νικα *in*
« *hoc vince. Tous ceux qui accompagnaient l'empereur*
« *virent comme lui l'apparition.* Je ne me souviens

« plus du lieu où se trouvait alors l'armée, mais
« *elle fut témoin* du prodige et l'étonnement fut au
« comble. Le prince lui-même ne faisait pas de dif-
« ficulté de l'avouer, il resta longtemps à chercher la
« signification d'un évenement si extraordinaire.
« Il était encore plongé dans ses réflexions, quand la
« nuit vint le surprendre. Durant son sommeil, le
« Christ Fils de Dieu lui apparut avec le même signe
« qu'il avait vu resplendir dans les airs, et lui or-
« donna de faire reproduire cette image *sur les dra-*
« *peaux* comme un gage certain de victoire. Constan-
« tin, à son réveil, fit part à ses confidents de ce qui
« venait de se passer. Des orfèvres furent appelés et
« l'empereur leur décrivit l'image qui s'était pro-
« duite à ses regards. Ils en exécutèrent un modèle
« enrichi d'or et de diamants qui fut adopté. »
« J'ai vu maintes fois ce symbole reproduit sur
« les enseignes des légions. C'était une *haste* allon-
« gée, revêtue d'or et munie d'une antenne tran-
« versale à l'instar de la croix. Au sommet de la
« haste était fixée une couronne d'or et de pierreries.
« Au centre de la couronne était le monogramme
« du Sauveur, ☧ c'est-à-dire les deux premières
« lettres grecques du nom du Christ, le X et le P,
« groupées en un seul chiffre. L'empereur porta
« toujours depuis ce monogramme gravé sur son
« casque. Or, à l'antenne obliquement traversée
« par la haste, était suspendu en guise de voile UN

« TISSU DE POURPRE enrichi de pierres pré-
« cieuses artistement combinées entre elles et qui
« éblouissaient les yeux par leur éclat. Ce voile était
« un carré parfait. A sa partie supérieure était re-
« présenté en fine broderie le buste de l'empereur
« et celui de ses enfants. Tel était ce symbole sacré
« dont le héros se servit toujours depuis comme
« d'un signe protecteur et divin contre ses ennemis.
« Il faisait porter par ses légions un étendard des-
« siné sur ce modèle. Mais je reviens à mon sujet.

« Constantin, sous le charme de la vision céleste
« qui lui était apparue, ne voulut plus adorer d'au-
« tre dieu que Celui qui venait de se révéler si mi-
« raculeusement à son âme. Il manda des prêtres
« de J.-C. et se fit instruire par eux des mystères
« de notre foi. Quel est ce Dieu qui s'est ainsi ma-
« nifesté à mes regards ? leur dit-il. Que me présage
« le symbole qu'il a deux fois manifesté sous mes
« yeux ? Ils lui répondirent que le signe de la croix
« était le symbole de l'immortalité, le trophée de la
« victoire remportée sur la mort par le *Verbe éternel*.
« Ils lui apprirent l'avènement du Fils de Dieu sur
« la terre, lui en développèrent les motifs et l'ins-
« truisirent du mystère sublime de l'Incarnation.

« Le prince écoutait avidement leurs paroles ; la
« protection visible de ce Dieu qui lui était prêché
« remplissait son âme d'émotion et de foi. La con-
« formité de l'enseignement sacerdotal avec le sens

« de l'apparition céleste, lui démontrait la vérité de
« notre religion. Dieu lui-même parlait : il fut docile
« à sa voix. Dès-lors il s'appliqua sans relâche à la
« lecture et à la méditation des livres saints. Sous
« la direction des ministres de J.-C., il commença
« à adorer le seul Dieu véritable. Dans ces senti-
« ments, qui remplissaient son âme d'une généreuse
« espérance, il poursuivit son expédition contre le
« tyran de Rome. (Eusèbe, *Vie de Constantin*).

RÉCIT DE LACTANCE.

« La guerre civile commença. Maxence se tenait
« renfermé à Rome, parce qu'un oracle lui avait
« prédit une mort fatale s'il se hasardait à franchir
« les portes de la ville. Ses lieutenants dirigeaient
« donc en son absence les armées d'Italie. Maxence
« avait la supériorité du nombre. Outre l'ancienne
« armée de Sévère et celle que Maximien Hercule,
« son père, avait jadis recrutée, il avait grossi les
« rangs de ses soldats de nouvelles levées faites en
« Afrique et en Italie. On en vint aux mains. Les
« troupes de Maxence eurent d'abord quelques suc-
« cès. Cependant, Constantin, affermissant son cou-
« rage et décidé à risquer le tout pour le tout, con-
« centra son armée entière sous les murs de Rome
« et vint asseoir son camp dans la région du pont
« Milvius (Ponte Molle).

« On célébrait à Rome l'anniversaire solennel de
« l'avènement de Maxence. Les fêtes quinquennales
« données à cette occasion étaient arrivées à leurs
« derniers jours. *Pendant son sommeil, Constantin*
« *fut averti d'avoir à faire graver* LE SIGNE CÉLESTE
« (la vision de la croix miraculeuse dont lui et son
« armée avaient été les spectateurs) *sur les boucliers*
« *de ses soldats,* et d'engager ensuite sans crainte
« la bataille. Il le fit avec une docilité exemplaire.
« *Chaque guerrier fut muni de ce symbole divin,*
« *qui n'était autre que le monogramme du Christ.*

« L'armée, ainsi pourvue de ce gage de victoire,
« se rangea en bataille, pendant que l'ennemi, tra-
« versant le pont, venait s'adosser à la rive gauche
« du Tibre. Maxence n'avait pas jugé à propos de
« quitter Rome. Le combat s'engagea de part et
« d'autre avec une égale vigueur et demeura long-
« temps incertain. Cependant une émeute éclata à
« l'intérieur de la ville. On entoura Maxence ; on lui
« reprocha de n'être pas avec les combattants. Son
« abstention fut traitée de trahison ouverte. En ce
« moment le peuple, réuni au cirque pour les fêtes
« quinquennales, s'écria : On ne vaincra pas Cons-
« tantin ! Maxence éperdu manda à la hâte quel-
« ques sénateurs dévoués à sa cause et se fit appor-
« ter les livres sibyllins. Cet oracle consulté, la
« réponse fut celle-ci : En ce jour l'ennemi du peu-
« ple romain doit périr.

« Maxence interprète à son avantage cette parole
« ambigüe. Dans l'espérance d'une victoire, il fran-
« chit le Tibre et rejoignit son armée. Le pont fut
« coupé derrière lui. A l'arrivée de Maxence, la lutte
« redoubla d'ardeur : mais la main de Dieu éclata
« visiblement. L'armée du tyran fut mise en dé-
« route. Maxence lui-même, contraint de fuir, se
« précipita vers le pont rompu. Une multitude im-
« mense encombrait déjà l'abord. Maxence, pressé
« par la foule des fuyards, fut précipité dans le
« fleuve. La guerre était terminée. Sénat et peuple
« reçurent Constantin avec un enthousiasme indes-
« criptïble. *(De la mort des persécuteurs,* ch. XLIV).
Rome fit alors ce que jusqu'à ce jour la France
n'a pas eu l'idée d'exécuter. « On érigea, dit Eu-
« sèbe, sur le Forum, en face du Capitole, une sta-
« tue de marbre blanc, où Constantin était repré-
« senté debout, en costume militaire, tenant de la
« main droite, en guise de lance, une croix. Sur le
« socle du monument on lisait : *Hoc salutari signo*
« *quod veræ virtutis argumentum est urbem tyran-*
« *nicæ dominationis jugo liberatam servavi. Senatui*
« *populoque romano in libertatem asserto presti-*
« *num decus nobilitatis splendoremque restitui.*
« Par ce signe sacré du salut, gage de la véritable
« gloire, j'ai arraché la ville de Rome au joug d'une
« domination tyrannique. En rendant la liberté au
« sénat et au peuple, j'ai établi l'antique honneur

« et la gloire de la noblesse romaine. » *(Vie de Constantin.)*

Cette statue a disparu dans les invasions des barbares : mais un monument qui existe toujours, c'est le beau et majestueux arc de triomphe que le sénat a fait ériger à Constantin comme libérateur de la cité. On y lit encore que c'est par une inspiration de la divinité *(quod instinctu divinitatis)* qu'il a accouru la délivrer des tyrans.

DISSERTATION

sur le lieu de l'apparition de la croix.

En 306, Constantin, fils aîné de l'empereur Constance Chlore, ôtage à Nicomédie, voyant sa vie menacée par le césar Galérius que Dioclétien proclama empereur, s'échappa et courut rejoindre son père alors à Yock, dans la Grande-Bretagne. Il était à peine arrivé que Constance, gravement malade, mourut dans ses bras, rendant grâces au ciel de la présence de son fils aîné. L'armée, toute dévouée à Constance, proclama Constantin son successeur au titre d'auguste. Cette élection lui donnait le pouvoir souverain sur la Grande-Bretagne, les Gaules et l'Espagne.

Constantin était à peine revêtu de la pourpre impériale qu'il fut obligé de faire la guerre pour défendre ses Etats, de marcher contre les Francs d'outre-Rhin qui, à la nouvelle de la mort de Constance Chlore, se jetèrent sur les Gaules. Pendant qu'ils pillaient et saccageaient les provinces frontières, l'empereur les enveloppa, fit un grand nombre de prisonniers avec deux rois, Ascaric et Ragaise, franchit le Rhin et alla surprendre d'autres bandes qu'il tailla en pièces. Au bout de cinq ans toutes les provinces de son domaine étaient pacifiées.

Pendant ce temps-là avait été élevé sur le siége épiscopal d'Augustodunum, saint Rhétice, patricien encore plus illustre par ses vertus et ses talents que par le privilége de sa naissance, qui cependant le classait dans la première noblesse des Gaules. Son influence, comme celle de tous les saints évêques de ces temps, s'étendait bien au-delà des limites de son diocèse.

En 311, Constantin se rendit à Autun, que Constance Chlore avait relevé de ses ruines, les Bagaudes l'ayant presque anéanti dans leur insurrection. A son entrée dans la cité, l'empereur fit un même accueil aux chrétiens qu'aux payens. Bien que ceux-ci fussent allés à sa rencontre avec les images des dieux, il ne releva pas les ruines des temples : il ne parut pas même dans leur intérieur. Cette conduite fit un sensible plaisir à saint Rhétice qui en remercia le prince et en obtint encore une diminution des taxes, à raison de la détresse de la cité. Constantin passa plusieurs jours à Autun où il eut de longs entretiens sur la religion avec le saint évêque. Le prélat lui déclara qu'il triompherait facilement de ses ennemis s'il mettait toute sa confiance dans le Dieu des chrétiens et voulait l'adorer. Constantin quitta Autun rempli de ces pensées.

Constantin alla passer l'hiver de 311, 312 dans la cité d'Arles, afin d'être à même d'apprendre plus promptement des nouvelles d'Italie. Il y reçut des députations du sénat et du peuple qui le pressèrent d'aller délivrer Rome. Décidé à tenter l'entreprise, il se rendit d'Arles à Trèves où, ayant mis en bon ordre les camps de la frontière du Rhin, il revint à Châlon avec une armée qu'il fit rafraîchir près de cette ville pour la conduire en Italie.

Sous Marc-Aurèle, la légion s'était élevée de 6,300 à 6,825 hommes. Il y en avait 3 en Bretagne, 4 dans la Germanie supérieure, et 4 dans la Germanie inférieure. Le contingent des troupes auxiliaires était à peu près égal à celui des légions. Obligé avant tout de ne pas exposer ses états aux irruptions des Pictes et des Germains, l'empereur n'avait pris que deux légions sur le Rhin et une en Bretagne, environ 20,478 hommes, plus les auxiliaires espagnols, galls et bretons, surtout la cavalerie batave.

Eusèbe nous a décrit le miracle de l'apparition de la croix lumineuse : mais où était Constantin quand il s'est produit ? Voilà ce que nous allons essayer d'établir : Eusèbe, à qui l'empereur l'avait dit ne s'en étant pas souvenu quand, après la mort de Constantin, il entreprit d'écrire son histoire.

Dans les documents sur la vie de saint Rhétice, évêque d'Autun, recueillis par les Bollandistes, Constantin se serait rendu à Autun en 311, après la pacification de ses Etats. Décidé à marcher sur Rome, il serait allé à Trèves chercher des légions qu'il aurait ramenées à Chalon avec une légion de Bretagne débarquée à Boulogne. A Chalon, après avoir fait rafraîchir toute son armée, il aurait pris le chemin d'Italie par une vaste plaine (*magnum campum*), suivant la voie impériale, dans la direction des Alpes. C'est alors que la croix lumineuse aurait apparu à l'empereur et à son armée.

Le Père Longueval dit que l'apparition eut lieu dans les Gaules ; et Fleury croit que ce fut après le séjour de Constantin à Autun, que ce prince est dit avoir prié le vrai Dieu de se faire connaître à lui et de lui accorder sa protection.

Plusieurs historiens, dit M. Dinet, chanoine d'Autun, dans la vie de saint Symphorien, placent dans nos contrées le lieu où la croix miraculeuse apparut à Constantin et à toute son armée. En effet, ajoute-t-il, l'autorité des Pères Perry, Marin et Thomassin induirait à placer non loin d'Autun l'apparition du prodige qui détermina la conversion de l'empereur Constantin.

Ainsi, d'après le Père Longueval, la croix lumineuse aurait apparu dans les Gaules ; selon Fleury, Perry, Marin, Thomassin et M. Dinet l'apparition aurait eu lieu non loin du territoire d'Autun, en Bourgogne. Enfin, au témoignage des savants Bollandistes, vie de saint Rhétice, cette croix se serait montrée, au sortir de Chalon, sur la route de l'empereur et de son armée dans la direction des Alpes.

A une très-incontestable érudition les Bollandistes unissent plus de précision que les autres écrivains, disant que l'apparition se produisit lorsque Constantin fut sorti de Chalon, se rendant en Italie par la voie la plus courte.

L'historien Courtépée dit que l'empereur s'embarqua sur la Saône avec son armée. Cette tradition peut venir du fait que le corps d'armée se trouvant, au moment de l'apparition, au lieu depuis appelé Lux, au-dessous de Chalon, à droite de la Saône, était la légion de la Grande-Bretagne arrivant à travers les Senones; laquelle descendit à Tournus pour rejoindre les autres légions, en traversant la Saône sur le pont de cette ville.

Le principal corps d'armée, le prince à sa tête, étant arrivé de Trèves à Chalon, a dû camper dans les vastes prairies au sud de Chalon, vers Ouroux, ce que nécessitait la cavalerie qui, dans cette circonstance, était nombreuse proportionnellement à l'infanterie parce que les cavaliers bataves passaient pour les meilleurs de l'empire romain, comme les thessaliens dans la confédération hellénique.

« Se rendant directement de Chalon vers les mon-
« tagnes du Jura et des Alpes, l'armée de Constantin
« a pu passer à Beaudrière, à Huilly, où elle a tra-
« versé la Seille sur un pont de bateaux, puis à Mé-
« nétreuil et s'est trouvée à Sainte-Croix qui, à vol
« d'oiseau, est à 20 kilomètres des plaines d'Ouroux.

4

« Or Sainte-Croix situé au sud-est et à 6 kilomètres
« de Louhans, au bord du Solnan, entouré de vastes
« prairies, est une paroisse importante de 1300 âmes.
« Il y a un château dont les propriétaires, qui por-
« tent le beau nom de marquis de Sainte-Croix, sont
« de la plus ancienne noblesse du pays. Le nom de
« Sainte-Croix étant celui de la paroisse, de temps
« immémorial, ne peut venir que de l'apparition dont
« Constantin fut favorisé. La tradition locale n'en
« connaît pas d'autres (M. Beley archiprêtre de Lou-
« hans). »

M. de Voucoux, président de la société archéologi-
que d'Autun, mort évêque d'Evreux, assurait que le
bourg de Sainte-Croix devait son nom à l'apparition
miraculeuse de la croix à Constantin.

Sainte-Croix est à une étape de Chalon sur la voie
romaine, dont on voit encore des traces très-visibles
à LABARE, hameau de la paroisse, situé à un kilo-
mètre de l'église paroissiale.

C'est la tradition unanime à Sainte-Croix qu'au
hameau de LABARE il s'est passé autrefois un très-
grand événement. Les habitants parlent de l'apparition
d'une croix brillante dans le ciel, quoique jamais,
atteste M. le curé Bordet, on leur en ait parlé, ni en
public, ni en particulier. C'est en mémoire de ce
grand événement que le hameau de LABARE,
quoique composé seulement de trois habitations ru-
rales sans importance, prend et a toujours pris un

soin tout particulier d'entretenir une fort belle croix sur un petit tertre de son territoire parce que, disent les habitants de LABARE, IL A TOUJOURS EXISTÉ LA UNE CROIX, qui a été l'objet d'une grande vénération.

La tradition populaire qu'autrefois une croix a apparu dans le ciel au-dessus du hameau de LA-BARE a maintenu une vive dévotion dans la paroisse envers la croix, dévotion qui va jusqu'à persuader aux habitants que c'est la croix qui les préserve de la grêle et du feu du ciel. Le pasteur actuel, M. Bordet, certifie qu'en effet ces fléaux n'ont pas frappé sa paroisse depuis 22 ans qu'il l'administre.

La paroisse de Sainte-Croix a pour patron l'instrument de la Rédemption. Seule, de toutes les paroisses du vaste diocèse d'Autun, elle jouit de cette faveur. Ses anciens vitraux peints représentent la croix. Elle se voit aussi sur des objets trouvés dans des fouilles, comme une antique bague sur laquelle on lit : « *J'aime ma croix* » ; comme un cachet en cuivre portant la croix entourée de lettres qu'on n'a pas pu déchiffrer, cachet découvert en 1874, à une grande profondeur, en pratiquant des fouilles dans la cour du château.

M. Legrand, curé d'Huilly, a fait de patientes recherches pour découvrir le lieu de l'apparition. Il dit : « Les camps romains disséminés sur cette « voie romaine, avant d'entrer dans les montagnes

« du Reveremont, étaient Autun, Couches, Lux près
« de Chalon, Montret et le dernier à Sainte-Croix...
« Le miracle a été vu de toute l'armée... Constantin
« avait avec lui le gros de l'armée : probablement
« deux légions le suivaient à une ou deux journées
« de distance. Pendant qu'il débouchait dans le
« camp de Sainte-Croix, une légion débouchait dans
« celui de Montret, et la dernière dans celui de
« de Lux près de Chalon. Cette explication, qui doit
« être la vraie, concilie les traditions de ces trois
« localités. Le miracle de la manifestation de la croix
« a eu lieu : 1° aux yeux du corps d'armée qui était sur
« Sainte-Croix avec Constantin ; 2° des deux légions
« qui suivaient et entraient *en même temps,* l'une
« dans le camp de Montret, et l'autre dans le camp
« de Lux près de Chalon. Un habile général ne
» masse son armée que devant l'ennemi. Une armée
« avec ses engins, ses bagages, ses munitions, ses
« vivres, ses bêtes de somme, a besoin d'occuper un
« grand espace ; on ne la resserre pas sur un très-
« petit, lorsqu'elle voyage sur son territoire avec la
« sécurité qui a lieu dans les changements de garni-
« sons. »

Il est évident, en effet, que la croix lumineuse
ayant apparu au-dessus du soleil commençant à
baisser, elle a fort bien pu être vue également de
Lux près de Chalon, village qui se glorifie encore
de porter le nom de Lux, lumière, en mémoire de

ce grand événemènt (1) ; et de Monstrét (Montret) dont S. E. le cardinal Pitra, dit M. Legrand, a encore trouvé les traditions très-vivantes, il y a 40 ans, et où on lui aurait montré un terrain appelé le champ de Constantin.

Ce laborieux pasteur qui a accompagné le savant cardinal dans les recherches faites il y a 40 ans et qui les a continuées seul, atteste que Montret au dernier siècle avait à peu près la même population qu'aujourd'hui, à part deux villages qui y ont été réunis. L'historien de la Bourgogne lui donne 500 communiants. On voit encore à Montret des vestiges d'un ancien camp romain appelé *champ de la croix*. Cette localité portait le nom de *miraculum* dans des titres du XIIIe, du XIIe, du XIe siècle, et plus haut dit M. Legrand. Nous avions conjecturé que Montret venait de *monstrum*, prodige, chose extraordinaire.

Au témoignage de Gagnare (10), l'évêque d'Autun, saint Rhétice, à raison de sa haute réputation de sainteté et de science divine, fut spécialement demandé par l'empereur pour l'instruire des vérités chrétiennes, et mérita d'être appelé *Protocatechista Constantini*. Ce prince finit par concevoir tant de vénération pour le prélat qu'il l'appela à un concile

---

(1) Dernièrement le journal de Chalon annonçait qu'il doit y avoir, ces jours-ci, une adjudication de travaux pour construire une église au hameau de Lux. Serait-ce en vue de l'apparition miraculeuse de la croix ?

qui fut tenu à Rome contre les Donatistes au mois d'octobre 313. L'évêque d'Autun eut l'honneur de siéger auprès du Pape saint Melchiade. En 312, il assista à un autre concile à Arles, où il fit paraître de nouveau, dit le Père Longueval, une profonde doctrine unie à la force de l'éloquence. Saint Augustin appèle saint Rhétice un homme de Dieu d'une grande autorité dans l'Eglise (*cont. Jul. Pelag.*) Les rapports particuliers de Constantin avec saint Rhétice ont fait qu'on a fini par oublier les noms des autres catéchistes, et que des chroniqueurs ont confondu le territoire, témoin du miracle de la croix lumineuse, avec le territoire, siège du principal guide spirituel de l'empereur.

M. Legrand dit tenir de S. E. le cardinal Pitra que, pour se rendre de Chalon en Italie, Constantin traversa la Bresse, une partie de la Savoie et le Valais qui peu auparavant avait été témoin du massacre de la légion thébéenne. Nous inclinons à croire la continuation de la route par la Savoie, Aix et Tarentaise, stations romaines et le Mont-Cenis : 1° parce que Constantin suivait la principale et la plus directe voie pour arriver à Rome où avaient passé les légions de Germanie entraînant avec elles leur général Vitellius pour aller piller l'Italie; 2° parce que le prince voyageait sur les terres de sa juridiction dont les peuples étaient dévoués à sa famille. Henry de Riancey donne Suze comme la première place qui se trouva sur son chemin, à la descente des Alpes.

L'assertion qu'une localité de Savoie prétend avoir été le théâtre du prodige, prouve simplement que l'armée de Constantin a passé par là, et que l'enthousiasme de cette armée s'est si profondément communiqué aux habitants que leurs descendants ont fini par confondre ce qui avait été dit chez eux avec l'événement miraculeux lui-même.

Dans une lettre du 15 février 1870 à Mgr Guérin, M. Crevot, directeur-aumônier des sœurs de Saint-François d'Assise, à Lyon, affirme que l'apparition de l'étendard *in hoc vince* a eu lieu *à deux journées de chemin* des Alpes, au moment où Constantin partait pour aller prendre possession de l'empire (*Boll*. t. V, p. 276). En entendant ces deux journées, de deux étapes militaires, il y a à peine 80 kilomètres de Sainte-Croix à Culox, ce qui ferait 40 kilomètres par journée de marche. De là Constantin serait descendu en Italie par le Mont-Cenis, les Alpes Cottiennes.

« Le Sénat et le peuple l'appelaient, dit H. de
« Riancey. Quoiqu'il n'eût que 40,000 soldats, et que
« son adversaire en comptât quatre fois autant, il
« ne s'arrêta que pour briser au fur et à mesure
« les divers obstacles. En 58 jours il avait forcé Suze
« l'épée à la main; il avait dispersé près de Turin
« la cavalerie de Maxence, battu une seconde armée
« près de Vérone et emporté cette forte place. Enfin

« il se trouva au pont Milvius, en face de son en-
« nemi. Maxence avait lu dans les livres sibyllins
« que, ce jour, anniversaire de son avènement, l'en-
« nemi de Rome devait mourir. Il alla plein de con-
« fiance présenter la bataille à Constantin aux Ro-
« chers Rouges, à neuf mille de Rome. Là, deux cités
« et deux religions en viennent aux mains. En vain
« les prétoriens couvrirent de leurs corps la place
« où ils s'étaient rangés en bataille ; le reste de l'ar-
« mée fut noyé dans le Tibre et l'on retrouva le
« cadavre du tyran lui-même profondément enfoncé
« dans le limon. An 314.

MANIFESTATIONS DU SAUVEUR

Sur ces côteaux de la Bourgogne où, en l'an 311, Notre-Seigneur Jésus-Christ avait manifesté son souverain domaine sur les empires par l'apparition de la croix, son sceptre divin à la grandeur humaine dans tout son éclat apparent, ce même Jésus-Christ, en l'an 1673, commença à révéler les infinies richesses et les desseins miséricordieux de son divin cœur pour tous les hommes, et pour la France en particulier, à une jeune vierge, pure comme les anges, à Vérosvres, entre Cluny et Charolles, à Vérosvres nom qui doit venir de *vera roratio*, vraie rosée du ciel ; ou de *verum roramentum*, vraie poudre d'or ; c'est-à-dire, en réunissant les deux étymologies, lumière brillante comme l'or, pleuvant du ciel comme une rosée.

A Verosvres, en effet, l'année suivante, en 1674, le Sauveur du monde, dans une autre révélation décisive à la bienheureuse Marguerite-Marie, renouvella l'accomplissement du *Rorate, cœli desuper, et nubes pluant justum* (Isaïe, XL, c. 8), en inaugurant authentiquement la dévotion à son Sacré-Cœur, par l'ordre d'établir une fête spéciale, qui aurait pour objet de rendre à son Cœur, fournaise de tendresse pour les hommes, le respect et l'amour qui lui sont dûs.

En 1688, au milieu de la splendeur du siècle de Louis XIV, Marguerite-Marie, alors professe au couvent de la Visitation de Paray-le-Monial, et la mère de Saumaise, supérieure du monastère du même ordre, à Dijon, étaient vivement affectées du refus que faisait la Congrégation des Rites, de délivrer des bulles pour l'institution d'une dévotion spéciale au Sacré-Cœur de Jésus.

Au milieu de ces pieuses afflictions, le Sauveur apparut à Marguerite-Marie et lui dit : « Pourquoi « t'affliges-tu de ce qui sera à ma plus grande gloire ? « Car à présent l'on se porte à m'honorer et à m'ai- « mer sans autre appui que l'amour même, et cela « me plait beaucoup. Mais comme cette ardeur se « pourra réfroidir, ce qui serait sensible à mon divin « Cœur qui, étant la fournaise du pur amour, ne le « pourrait souffrir ; ce sera alors que je rallumerai « ce feu dans tous les cœurs par tous ces priviléges, « et encore par de plus grands : et je ne laisserai pas « sans récompense les peines prises pour cela. De- « meure donc en paix. »

Le 23 février 1689, Marguerite-Marie écrivit à la mère de Saumaise : « Que de bonheur pour ceux « qui s'emploient avec un zèle ardent à faire con-

« naître, aimer et glorifier le Cœur de Jésus ! Ils
« s'attirent par là l'amitié et les bénédictions éter-
« nelles de cet aimable Cœur, et *un puissant protec-*
« *teur pour notre patrie....* J'espère qu'en échange
« des amertumes que ce divin Cœur a souffertes
« dans les palais des grands, pendant les ignominies
« de sa Passion, cette dévotion s'y fèra recevoir avec
« magnificence avec le temps. »

Le 17 juin 1689, la servante du Cœur de Jésus
écrivit encore à la mère de Saumaise : « Il désire,
« ce me semble, entrer avec pompe et magnificence
« dans la maison des princes et des rois pour y être
« honoré autant qu'il a été outragé, méprisé et hu-
« milié en sa Passion, et qu'il reçoive autant de plai-
« sir de voir les grands de la terre abaissés et humi-
« liés devant Lui, comme il a senti d'amertume de se
« voir anéanti à leurs pieds. Et voici les paroles
« que j'entendis sur ce sujet :

« Fais savoir au fils aîné de mon Sacré-Cœur
« (parlant de notre roi Louis XIV) que, comme sa
« naissance temporelle a été obtenue par la dévotion
« aux mérites de ma Saint-Enfance, de même il ob-
« tiendra sa naissance de grâce et de gloire éternelle
« par la consécration qu'il fera de lui-même à mon
« Cœur adorable qui veut triompher du sien ; et, par
« son entremise, de celui des grands de la terre. Il
« veut régner dans son palais, *être peint dans ses*
« *étendards et gravé dans ses armes,* pour les ren-

« dre victorieuses de tous ses ennemis, en abattant
« à ses pieds les têtes orgueilleuses et superbes pour
« le rendre triomphant de tous les ennemis de la
« sainte Eglise. »

Voici enfin, toujours sur ce si grave sujet, écrite
au mois d'août, même année 1689, une quatrième
lettre de Marguerite-Marie à la mère de Saumaise :

« Le Père éternel voulant réparer les amertumes
« et angoisses que l'adorable Cœur de son divin Fils
« a reçues dans les maisons des princes de la terre,
« parmi les outrages et les humiliations de sa Pas-
« sion, veut établir son empire dans le cœur de notre
« grand monarque duquel il se veut servir pour l'exé-
« cution de ce dessein qu'il désire voir s'accomplir
« en cette manière qui est de *faire un édifice où serait*
« *le tableau de ce divin Cœur, pour y recevoir la con-*
« *sécration et les hommages du roi et de toute sa cour.*

« De plus ce divin Cœur veut se rendre protecteur
« et défenseur de sa personne sacrée contre tous ses
« ennemis visibles et invisibles, dont il veut le défen-
« dre, et mettre son salut en assurance par ce moyen.
« C'est pourquoi il l'a choisi comme son fidèle ami,
« pour faire autoriser la messe en son honneur par
« le Saint-Siége apostolique (pour le diocèse de Lan-
« gres) et en obtenir tous les autres priviléges qui
« doivent accompagner la dévotion de ce divin
« Cœur, par laquelle il lui veut départir tous les tré-
« sors de ses grâces de sanctification et de salut, en

« répandant avec abondance ses bénédictions sur
« toutes ses entreprises qu'il fera réussir à sa gloire,
« en donnant un heureux succès à ses armes, pour
« le faire triompher de la malice de ses ennemis.
« Heureux donc qu'il sera, s'il prend goût à cette
« dévotion qui lui établira un règne éternel d'hon-
« neur et de gloire dans ce Sacré-Cœur de Notre-
« Seigneur Jésus-Christ, lequel prendra soin de l'é-
« lever et le rendre grand dans le ciel devant son
« Père, autant que ce grand monarque en prendra
« de relever devant les hommes les opprobes et
« anéantissements que ce divin Cœur y a soufferts :
« ce qui sera en lui rendant et lui procurant les hon-
« neurs, l'amour et la gloire qu'il en attend.

« Mais comme Dieu a choisi le Père de la Chaise
« pour l'exécution de ce dessein, par le pouvoir qu'il
« lui a donné sur le cœur de notre grand roi, ce sera
« donc à lui de faire réussir la chose, en procurant
« cette gloire au divin Cœur de Notre-Seigneur Jésus-
« Christ, secondant en cela l'ardent désir qu'il a de
« se faire connaître en se manifestant aux hommes,
« pour en être aimé et en recevoir un hommage tout
« particulier. Si donc sa bonté inspire à ce grand
« serviteur de sa divine Majesté d'employer le pou-
« voir qu'il lui a donné, pour lui procurer le plaisir
« qu'il désire si ardemment, il peut bien s'assurer
« qu'il n'a jamais fait d'action plus utile à la gloire
« de Dieu, ni plus salutaire à son âme, et dont il soit

« mieux récompensé et toute sa sainte congrégation,
« dont il se rendra, par ce moyen, l'honneur et la
« gloire, par les grands trésors de grâces et de béné-
« dictions que ce Sacré-Cœur y répandra. »

Marguerite-Marie pressa la mère de Saumaise d'é-
crire, selon les inspirations divines qu'elle avait reçues, à la supérieure du monastère de la Visitation
de Chaillot, bourg situé près de Versailles, ville où se
tenait la cour de Louis XIV.

L'ouvrage intitulé : *Vie et lettres de Marguerite-
Marie*, édité maison Palmé à Paris, en 1873, nous dit
que cette initiative de la servante du Cœur de Jésus
n'eut pas le résultat désirable, soit, d'après l'éditeur,
que la supérieure de Chaillot ait laissé tomber la
chose ; soit que le Père de la Chaise n'ait pas jugé le
moment opportun pour en parler à Louis XIV ; soit
que ce prince lui-même n'y ait pas prêté attention.

« On a reproché à Louis XIV, dit M. de St-Albin,
« de n'avoir pas répondu à cet appel de Dieu. Mais
« Louis XIV l'a-t-il connu ? S'il l'a connu, n'a-t-il
« pas pu trouver dans les paroles *Fais savoir*, etc.
« quelque raison de douter que cet appel lui fût
« adressé à lui-même et non à l'un de ses descen-
« dants ? Enfin appartenait-il à Louis XIV de déclarer
« l'authenticité des révélations, au lieu d'attendre
« respectueusement la décision de l'Eglise qui ne se
« prononça qu'en 1757 » c'est-à-dire quarante ans
après la mort de ce monarque.

Mais ce qui malheureusement est hors de discussion, ce sont les calamités qui sont tombées sur la France *à la suite* de ces magnifiques promesses, si ce n'est *à cause* de l'inexécution des ordres donnés par le Sauveur à Marguerite-Marie. Ces calamités sont la guerre forcée pour la succession au trône d'Espagne, qui vit pendant quatorze ans consécutifs les troupes de Louis-le-Grand constamment écrasées jusqu'à Denain où sa dernière armée était en jeu, ce monarque jadis si fier, s'étant vu réduit à demander en vain plusieurs fois la paix ; la mort dans une même année de ses enfants, de ses petits-enfants et de ses arrière-petits-enfants, sauf d'un de ces derniers qui revint avec peine des portes du tombeau ; les orgies de la Régence ; de grands désastres sur terre, sur mer et dans les colonies où la France perdit le Canada, l'empire des Indes, l'Ile de France ; l'affreuse et publique corruption de la cour, de la noblesse et de la classe bourgeoise ; l'impiété devenue l'opinion de bon ton sous l'inspiration de Voltaire et de Rousseau ; l'abolition brutale de la Compagnie de Jésus, un même jour, dans tous les Etats catholiques ; une haine furieuse de toute autorité répandue dans la société, atteignant jusqu'aux plus petites bourgades ; la dilatation des sociétés secrètes et les froides et monstrueuses atrocités qu'elles ont fait exercer, au nom de la France, contre Louis XVI et sa famille ; des révolutions et des guerres en permanence qui ont fauché cinq millions d'hommes, fait trois fois envahir la France dans un demi-siècle et forcé les étrangers à lui porter autant de mépris qu'autrefois ils en avaient de crainte et de respect ; les révolutions devenues périodiques, l'anarchie chronique, les aspirations au pillage, au meurtre, à l'incendie, entrant dans nos mœurs ; un athéïsme et un naturalisme qui ont précipité les âmes dans une si profonde abjection qu'elles n'ont plus de ressort que pour concevoir et opérer le mal qui semble les pousser plus qu'elles ne s'y portent spontanément ; enfin un abaissement des intelligences tel qu'elles repoussent avec effroi l'homme que cependant elles sentent encore pouvoir seul rasseoir la société sur ses bases, allant jusqu'à confesser qu'elles ont peur de ses vertus, qu'il est trop honnête homme pour nos mœurs actuelles.

Il est vrai que, dans sa prison au Temple, le roi martyr a consacré sa personne, sa famille et son royaume au Sacré-Cœur de Jésus, et a fait vœu de procurer en son honneur l'institution d'une fête nationale, si la Providence le rétablissait sur le trône. Il est vrai encore qu'en 1873, la majorité de l'Assemblée nationale a sanctionné par un vote l'érection à Paris d'une église que des Parisiens avaient fait vœu de construire en l'honneur du Sacré-Cœur, pendant que la capitale était assiégée au dehors par les Prussiens et au-dedans par les communards.

Mais le gouvernement de la Restauration n'a pas provoqué l'institution de la fête ; mais la majorité de l'Assemblée nationale n'a pas eu la piété et le courage de faire un virement de fonds, par exemple des 600,000 francs alloués à l'Opéra, pour aider, au nom de la France, à l'acquisition des terrains ; elle n'a même pas voulu reconnaître le nom de *Sacré-Cœur de Jésus*, comme le vocable du temple national de Montmartre.

Comment donc pourrions-nous arriver à voir le Cœur de Jésus peint dans les étendards et gravé dans les armes de la France ? Il faudrait nécessairement une intervention divine et l'instrument libre de cette intervention devrait être plus digne que Constantin et Charlemagne. Il devrait être un juste, vivant de la foi comme saint Henri, saint Louis, saint Ferdinand, saint Etienne, qu'on est porté à reconnaître dans le prince mentionné dans cette lettre adressée le 12 novembre 1873 à un illustre publiciste, lettre à laquelle celui-ci a fait allusion le 15 dans un article de son journal qui a fort intrigué la presse.

« Monsieur le Directeur,

« Pour la France, le drapeau est le symbole de
« l'esprit qui dirigera le gouvernement. De là, de-
« puis quelques jours, des inquiétudes dans des Fran-
« çais qui entendent être catholiques romains avant
« toutes les autres affections. Or il nous semble que
« ces inquiétudes sont heureusement sans fondement.

« A supposer que le personnage que la Provi-
« dence a élu, comme l'instrument de la restaura-
« tion chrétienne de la France et de l'Europe soit
« Mgr le comte de Chambord, ce prince s'est réservé
« de résoudre à son heure cette question du drapeau,
« de manière à satisfaire à la fois le pays, l'Assem-
« blée nationale et lui-même.

« Mgr le comte de Chambord sait les désirs que le
« vrai Sauveur a manifestés à la B. V. Marguerite-
« Marie, et que notre roi martyr, Louis XVI, dans
« la prison du Temple, a réalisés autant qu'il le
« pouvait alors. Cette détermination du fils aîné de
« l'Eglise pourrait donc bien être d'adopter la cou-
« leur du Cœur de Jésus pour son drapeau, au mi-
« lieu duquel resplendissait l'image de ce divin Cœur
« entourée des trois fleurs de lys.

« L'adoption de ce LABARUM témoignant que
« désormais les hommes ne seraient plus soumis
« qu'aux lois de la vérité et de la justice éternelles,
« dans la liberté des enfants de Dieu, plairait au
« pays qui veut enfin la paix, à l'Assemblée natio-
« nale qui a voué notre patrie au Sacré-Cœur de
« Jésus, et au noble fils de saint Louis qui donne
« tant de témoignages de la plus héroïque abnéga-
« tion et qui accepte si généreusement la très-lourde
« croix que la délivrance de l'Eglise et de la France
« exige qu'il charge sur ses épaules.

CONCLUSION

Entre toutes les nations de l'univers, par un privilége spécial, deux fois la France, fille aînée de l'E-
glise a été favorisée des manifestations du Sauveur, à
Labare-Sainte-Croix au IV° siècle, et à Paray au
XVII°. Or les patriarches Noé, Abraham, Isaac et
Jacob, quand ils avaient été honorés de ces grandes
faveurs du ciel, s'empressaient d'élever et de consa-
crer sur le lieu béni de la vision, un monceau de
pierres ou un autel appelé *témoignage*, pour perpé-
tuer dans leurs descendants la mémoire de la manifestation ·divine. Nous, qui prétendons être par la
foi enfants d'Abraham, nous n'avons encore rien fait
de semblable pour ces manifestations du IV° et du
XVII° siècles.

Si donc nous sommes véritablement résolus de
mériter pour notre patrie mutilée de toutes manières,
la guérison dont elle a le plus urgent besoin, tout en

persévérant dans nos autres bonnes œuvres, hâtons-
nous de témoigner la reconnaissance dûe pour les
faveurs accordées à la France du temps de nos an-
cêtres, d'abord en nous pressant d'élever à Labare-
Sainte-Croix, par souscription nationale, un immense
obélisque, surmonté d'une grande et brillante croix,
toute nimbée d'or, reproduisant sur ses faces le monogramme du Christ et *in hoc vince*.

A Paray-le-Monial, où rien de monumental, de
national n'a encore été entrepris, le gouvernement
français, redevenu franchement chrétien, érigera un
autre obélisque, sur lequel seront sculptées les armes
de France, ayant au milieu le Sacré-Cœur avec cette
inscription *in hoc resurgam*. Cette érection pourrait
se faire dans l'allée de Charolles, au lieu où les pèlerins se rassemblent quand ils sont trop nombreux
pour être contenus dans la grande église.

Depuis la glorieuse résurrection du Sauveur du
monde, son Sacré-Cœur est devenu le signe de son
immense tendresse pour les hommes, comme la croix
est le trophée de sa puissance, le sceptre de sa sou-
veraine royauté sur toutes les nations que son Père
lui a données en héritage. Son Cœur, sa Croix, voilà
ses armes royales, comme son sang jaillissant sur le

Calvaire par cinq énormes plaies, nous a révélé la couleur de son étendard, nous conviant à nous élancer sous ses plis à l'assaut de ses inépuisables miséricordes.

Commençant à reconnaître qu'un *miracle seul* peut nous sauver, forçons son arrivée, en poussant vers le ciel ce cri irrésistible de notre foi :

Vous le ferez pour notre pauvre France
Où Vous avez daigné vous révéler.
Merci, mon Dieu! notre reconnaissance,
Dans ses élans, aime à le dévancer.

Dieu de clémence,
O Dieu vainqueur :
Sauvez Rome et la France
Au nom du Sacré-Cœur.

NOTES

—

Labarum, selon Court de Gebelin et Bergier, vient de λάβω je prends, et αρω j'élève, ce que l'on tient élevé. Dans l'idiome germanique le mot lab ou lap signifie voile ou tissu, et bar ou bare une hasta, une lance, dit Du Cange. La réunion de ces deux mots formait donc une expression pittoresque qui donnait une idée exacte de l'étendard décrit par Eusèbe. En 1833, on a trouvé à Aoste un dyptique consacré à l'empereur Honorius sur les deux faces duquel est représenté Honorius en habit militaire, mais nimbé et la couronne en tête. Sur la première face, il tient de la main gauche une lance et s'appuie de la droite sur un bouclier. Sur la seconde face, il tient de la main droite le labarum sur lequel on lit : *In nomine XPI vincas semper*. Au lieu de se terminer par un fer acéré, la hampe du labarum est surmontée d'un chrisme inscrit dans un cercle. (Gazzara).

Eusèbe dit que Constantin eut une vision miraculeuse la nuit qui suivit l'apparition de la croix, dans laquelle J. C. lui ordonna de reproduire l'*image miraculeuse sur les drapeaux* comme un gage certain de victoire. D'après Lactance, J. C. apparut à l'empereur dans son sommeil, l'avertissant de faire graver *le signe céleste* sur les *boucliers* de ses soldats, et d'engager ensuite hardiment la bataille. Ces variantes se concilient en admettant que le prince a eu deux visions, l'une en Gaule, à Labare, à la suite de l'apparition de la croix ; l'autre avant le combat du pont Milvius, les ordres donnés dans une de ces visions n'étant pas les mêmes que les prescriptions de l'autre : d'autant mieux que, d'après Lactance, les troupes beaucoup plus nombreuses de Maxence avaient eu d'abord quelques succès, tellement que Constantin eut à affermir son courage, et décidé à risquer le tout pour le tout, concentra son armée entière sous les murs de Rome et assit son camp dans la région du pont Milvius.

Dans la suite, perverti et poussé par sa femme Fausta, Constantin ne vint jusqu'à commettre des atrocités dignes d'un Néron. Attaqué de l'elephantiasis, il recourut aux magiciens qui lui proposèrent un remède si horrible qu'il se refusa à l'employer. La nuit suivante St. Pierre et St. Paul lui apparurent et lui dirent qu'il ne trouverait sa guérison que dans le baptême que lui donnerait S. Sylvestre, alors réfugié, à cause de la persécution, dans les cavernes du mont Soracte.

L'anonyme qui avance que l'apparition de la croix lumineuse a eu lieu à Besançon, sans autre preuve qu'un *on dit*, a confondu la cité bisontine avec le diocèse de Besançon qui s'étendait alors jusqu'à Louhans.

Dans les études de Saulnier qui dit que le Labarum apparut à Constantin sur le territoire de l'Eglise d'Autun, il y a également une confusion entre le territoire diocèse de saint Rhétice et le lieu où se produisit la manifestation divine.

Une erreur plus grave encore c'est d'avoir avancé que cette révélation avait été faite à Arles, où l'empereur a bien, en effet, paru et même séjourné, mais dans l'hiver qui a précédé sa campagne d'Italie ; d'où il était remonté à Trèves pour se mettre à la tête des troupes destinées à le suivre, lesquelles de Châlon tirèrent droit au mont Cenis et à Suze.

Quelque instruites qu'elles soient d'ailleurs, les personnes qui disent que le *Labarum* a apparu à Constantin sur le mont Mario, aux portes de Rome, témoignent qu'elles n'ont pas lu Eusèbe et Lactance. Mais comme c'est aux portes de Rome que Constantin a été favorisé de sa seconde vision nocturne où J.-C. lui commanda de faire mettre le monogramme du Christ sur les boucliers de ses soldats, ce qui serait le gage de la victoire sur Maxence ; il est possible que cette révélation divine ait eu lieu sur le mont Mario, hors de Rome, derrière le Vatican.

Il y a à Sainte-Croix deux foires très-considérables, le lendemain de l'Invention de la Croix et le jour de son Exaltation, foires qui sont les plus anciennes connues dans le pays. Ces deux foires remontant à un temps immémorial, témoignent que là il y a eu, dans les anciens temps, un pèlerinage, un pardon. Le mot de foire vient de *feria*, férie, fête religieuse. Alors les marchands suivaient les pèlerins pour vendre leurs marchandises. Insensiblement les rapports entre les âmes et le ciel se sont transformés en un commerce de gros et menu bétail ; les ostensions de reliques en expositions d'animaux. Le culte de la croix ne pouvait plaire à Satan : il lui a opposé les intérêts matériels qui commençant, comme toujours, par demander une toute petite place dans la fête, ont fini par s'en rendre les maîtres exclusifs.

Imp. Jules Lançon, à Lons-le-Saunier.

www.ingramcontent.com/pod-product-compliance
Lightning Source LLC
Chambersburg PA
CBHW061311050726
47594CB00004B/1648